LETTRE

A

MM. LES DÉPUTÉS FRANÇAIS

Prix : 50 centimes

EN VENTE CHEZ L'AUTEUR
5, RUE DE GRENELLE-SAINT-GERMAIN, 5

MÊME ADRESSE :

ORLLIE-ANTOINE Ier

Son avénement au trône, sa captivité au Chili, etc. Prix : 3 fr.

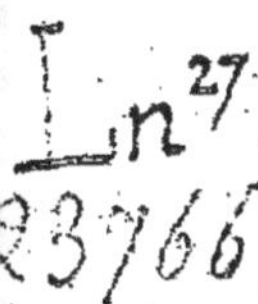

PRINCE DE TOUNENS

ORLLIE-ANTOINE Ier

ROI D'ARAUCANIE ET DE PATAGONIE

LETTRE

A

MM. LES DÉPUTÉS FRANÇAIS

Prix : 50 centimes

EN VENTE CHEZ L'AUTEUR

5, RUE DE GRENELLE-SAINT-GERMAIN, 5

PRINCE DE TOUNENS

ORLLIE-ANTOINE Ier

ROI D'ARAUCANIE ET DE PATAGONIE

LETTRE

À

MM. LES DÉPUTÉS FRANÇAIS.

Paris, le 29 décembre 1867.

MESSIEURS LES DÉPUTÉS,

La France a de grands intérêts en Amérique ; elle doit travailler à les étendre et à s'en créer de nouveaux sur ce vaste continent. C'est dans ce but que je vais vous prier respectueusement de vouloir bien adresser des interpellations au Gouvernement, au sujet du royaume d'Araucanie et de Patagonie où j'avais, Dieu aidant, et animé d'une pensée toute patriotique, établi un nouvel ordre de choses éminemment favorable à la France et à la civilisation.

Mes prétentions sont fondées sur des documents authentiques et publics que j'ai en ma possession, et que je m'empresserai de vous communiquer quand vous le jugerez convenable. Ces pièces forment deux catégories :

La première comprend *les documents qui établissent l'indépendance de l'Araucanie; ils émanent en partie du gouvernement chilien lui-même, et en partie des livres et publications diverses qui font autorité sur la matière.*

La deuxième comprend *ceux qui établissent mes droits sur l'Araucanie et la Patagonie en qualité de chef avec le titre de roi.*

Les pièces de la première catégorie sont, entre autres :

1° Le *Ferrocarril* (journal semi-officiel chilien publié à Santiago, capitale du Chili) du 9 juin 1859, qui reproduit une réponse de la *Revista catolica* (journal clérical chilien dans la même ville), intitulé *Indépendance d'Araucanie*, et établissant, par des preuves historiques incontestables et incontestées, *l'indépendance de cet Etat et conclut contre la conquête par la force*,

2° Le *Mercure* (journal chilien, imprimé à Valparaiso) du 23 février 1861, renfermant un article intitulé *Campagne d'Araucanie*, où il est dit que *l'armée chilienne se replie sur ses frontières.*

3° Le même journal, du 9 mai 1861, où l'on trouve un article intitulé *Frontière d'Araucanie.* On y lit que *tout reste en paix sur la frontière; les indigènes dans leurs terres et les troupes chiliennes dans leurs casernes; que dans la guerre qui vient d'avoir lieu, ce sont les Araucaniens qui l'ont emporté. Ils sont maîtres*, dit le journal, *de tout le territoire jusqu'au Bio-Bio dans la partie haute et dans la partie basse.*

4° Le même journal, du 8 octobre 1861. Dans un article intitulé *la Ligne de frontière il annonce que le conseil d'Etat chilien demande au congrès l'autorisation d'avancer la frontière qui sépare le Chili des Indiens Araucaniens, et élabore un projet de loi pour voter* 50,000 *piastres à cet effet.*

5° Le même journal, du 21 octobre 1861, reproduisant la discussion du projet de loi précité. *On y voit la chambre législative chilienne votant les* 50,000 *piastres demandées, et reconnaissant que l'Araucanie n'a jamais été soumise*; on y *parle de frontières et d'agents diplomatiques à envoyer aux chefs des tribus.*

6° Le même journal, du 31 octobre 1861, constate que *le*

conseil d'Etat a sanctionné la loi votée par la chambre législative, au sujet des 50,000 piastres accordées pour les fortifications à faire sur les frontières d'Araucanie.

7° Le même journal, du 4 novembre 1861, reproduit un article du *Courrier du Sud* (journal chilien) *au sujet du parlement, c'est à dire de la conférence politique qui doit avoir lieu entre les Indiens et le Chili sur la place de San Carlos de Puren.*

8° Le même journal, du 7 novembre 1861, reproduit dans un article intitulé *les Araucaniens, une dépêche adressée par le ministre de la guerre au commandant d'armes d'Arauco, pour lui recommander de persuader, le jour du prochain parlement, aux chefs des tribus de l'Araucanie que le désir du Chili et de ses autorités est de vivre en perpétuelle paix et amitié avec les indigènes.*

9° Le même journal, du 21 novembre 1861, *annonce que le gouvernement de Nacimiento ayant envoyé un parlementaire aux caciques d'Araucanie, pour les inviter à un parlement afin de faire la paix, le cacique Melin ne voulut pas le recevoir parce qu'il ne venait pas directement de la part du gouvernement, c'est à dire d'une hiérarchie assez élevée. L'auteur de l'article rappelle que cette coutume date de l'époque coloniale. Alors, dit-il, les mandataires du roi d'Espagne assistaient personnellement aux entrevues solennelles avec les Araucaniens, et c'était au nom du roi qu'ils arrêtaient les traités.*

10° Le *Ferrocarril* (journal précité), du 5 septembre 1862, contient une longue discussion de la chambre législative chilienne, au sujet de l'Araucanie; *le ministre de l'intérieur reconnaît que l'autorité chilienne n'a pas encore pénétré en Araucanie.*

11° *Une pièce établissant qu'il avait été conclu en 1793, entre les Araucaniens et le Chili, un traité de paix établissant la complète indépendance de l'Araucanie.*

12° Un article du *Mercure* (journal précité), du 19 janvier 1864, intitulé *l'Araucanie*, et mentionnant *le même traité de paix de* 1793.

13° Le *Ferrocarril*, du 3 septembre 1864. Cette feuille contient *le compte rendu d'une longue discussion de l'assemblée législative chilienne au sujet de l'Araucanie*, *et discute un projet de loi intitulé* Projet d'achat de l'Araucanie par le Chili.

14° Le même journal, du 18 octobre 1866, *publie un article intitulé* l'ambassade d'Araucanie. *On y voit le président de la république du Chili, recevant une ambassade de l'Araucanie.*

En résumé, les documents qui précèdent mettent en complète évidence deux faits principaux.

1° *Que le Chili reconnaît l'indépendance de l'Araucanie.*

2° *Qu'il fait des traités avec les Araucaniens.*

DEUXIÈME CATÉGORIE.

Documents établissant mes droits sur l'Araucanie et la Patagonie, comme chef avec le titre de roi de cet État.

Ces documents sont :

1° Les pièces officielles publiées par les journaux et notamment par le *Mercure*, du 27 décembre 1860, dans un article intitulé *Chronique nationale. Une monarchie en Araucanie.* Orllie-Antoine Ier, *s'anticipant, dit ce journal, à prendre possession du territoire que nous voulions nous approprier, coupe ainsi le vœu de nos aspirations.*

2° *Le procès que me fit le gouvernement chilien après m'avoir, au mépris de tout droit, enlevé de mon royaume, et dont la minute est déposée aux archives des Anjeles* (Chili).

J'ai publié les documents de cette affaire dans un ouvrage intitulé *Orllie-Antoine Ier*, etc. Je n'ai donc pas à les reproduire ici; mais j'en donnerai quelques fragments, et notamment des extraits des dépositions des témoins que fit entendre le gouvernement chilien et qui avaient assisté aux acclamations que me firent les indigènes.

Le premier témoin est J.-B. Rosalès. Sa déposition est du 5 janvier 1862; voici ce qu'il dit à la p. 50 de l'ouvrage précité;

« *Aussi le cacique et les mocetons répondirent, avec une joie bruyante, qu'ils reconnaissaient pour leur roi Orllie-Antoine Ier, qui était pour eux le roi dont l'avénement leur avait été annoncé autrefois par le cacique Magnil.*

« *A partir de ce moment, le cacique Leviou et ses mocetons ne cessèrent de le traiter en roi.* »

Le même témoin, p. 52, dans une autre assemblée, dit : « *Tous crièrent vive le roi !* »

Le même témoin, p. 54, dans une autre assemblée, dépose : « *Le cacique Guentecol répondit au nom de tous les membres de l'Assemblée qu'il présidait, qu'on l'agréait pour roi et tous crièrent vive le roi !* »

Le même témoin, dans une lettre écrite à sa femme pour les autorités chiliennes, et dans sa déposition, donne les détails du guet-apens ourdi entre lui et le gouvernement chilien pour me trahir et me faire prisonnier.

Le commandant d'armes de Nacimiento confirme le guet-apens précité, dans ses lettres des 6 et 7 janvier 1862, au commandant général d'armes des Anjeles, p. 64 et suivantes.

Les autres témoins : Juan de Dios Varigna, Lorenzo Lopez et José Santos Bejard dit Culinau, dans leurs dépositions des 14 et 18 janvier 1862, p. 83 à 90 du livre ci dessus désigné, *confirment l'authenticité de la reconnaissance que m'ont faite les Araucaniens et les Patagons pour leur chef avec le titre de roi.*

3° Le *Mercure* du 22 janvier 1862. Ce numéro renferme un décret du gouvernement chilien établissant que ce gouvernement a envoyé un détachement sur mes États pour me faire prisonnier.

Cette pièce n'étant pas longue, je puis la reproduire. En voici le texte :

« *Gratification.* — A la date du 15 du présent mois a été décrété ce qui suit : Est approuvé le décret rendu le 7 courant par la commanderie d'armes d'Arauco, enjoignant à la lieutenance des ministres de Nacimiento de mettre à la disposition du gouverneur du département de ce nom la somme de 250 piastres, *pour récompenser le détachement qui s'empara sur le territoire araucanien de l'intitulé Antoine Ier*, prince de Tounens ; cette somme devant être prélevée sur la partie 41e du budget du ministère de la guerre.

Signé : Perez, *président de la République.*
M. Garica, *ministre de la guerre.*

4° La sentence rendue par le juge des Anjeles, le 4 février 1862, et publiée par le *Ferrocarril* du 4 juin 1862. Elle est précédée de l'article suivant : *Le roi d'Araucanie.*. A présent que la question de S. M. Orllie-Antoine Ier appelle l'attention du cabinet français, nous croyons que le public lira avec intérêt la sentence suivante prononcée dans cette bruyante cause, la voici : ....

(Suit le jugement que j'ai publié dans le susdit ouvrage, p. 127 et suivantes.)

5° Des lettres diplomatiques du gouvernement français qui confirment ma captivité aux Anjeles (Chili).

6° Le mémoire que j'adressai à Sa Majesté l'Empereur des Français et à Son Excellence monsieur le ministre des affaires étrangères.

7° La protestation de M. Rosalès, représentant du Chili en France, publiée dans l'*Opinion nationale* du 18 juin 1865. La voici :

M. Rosalès, ministre plénipotentiaire du Chili, nous adresse la lettre suivante :

« Paris, 16 juin 1865.

« Monsieur,

« Le numéro d'aujourd'hui de votre estimable journal contient une lettre de M. de Tounens, annonçant l'ouverture d'une souscription publique dans le but de lui faciliter les moyens d'envahir de nouveau l'Araucanie. Comme cette province n'a jamais cessé de faire partie intégrante du territoire de la République du Chili, et que les tribus qui l'habitent sont soumises à mon gouvernement au même titre que les tribus arabes de l'Algérie sont soumises à la domination française, je crois de mon devoir de prévenir les compatriotes de M. de Tounens, auxquels il fait appel, que toute tentative d'invasion, de débarquement illicite sur le territoire de la République, les exposerait à être traités comme pirates, conformément aux lois internationales.

« J'attends de votre impartialité l'insertion de ma lettre dans un de vos prochains numéros, et je vous prie d'agréer, monsieur, avec mes remercîments, l'assurance de ma considération la plus distinguée.

« *L'envoyé extraordinaire et ministre plénipotentiaire de la république du Chili, près S. M. l'Empereur des Français,*

« J.-A. ROSALÈS. »

Cette lettre n'a d'autre importance que de constater les *prétentions* du Chili, et de montrer avec quelle aisance, dégagée de toute espèce de préjugé, le gouvernement de ce pays sait mettre de côté les droits des Araucaniens à conserver une indépendance reconnue par le Chili lui-même. Les documents ci-dessus analysés permettent d'apprécier à leur juste valeur les assertions de M. Rosalès. Je dus néanmoins protester et je le fis dans la lettre suivante adressée à l'*Écho de la Dordogne* et reproduite par quelques journaux de Paris notamment la *Liberté* et l'*Epoque*.

« Paris, 20 juillet 1865.

« Monsieur le rédacteur,

« A la date du 10 juin dernier, je faisais, par la voie de la presse, un appel à la France pour compenser, au moyen d'une souscription nationale, les dépenses que j'ai faites pour une œuvre toute nationale, toute française, toute patriotique.

« M. Rosalès, ministre du Chili à Paris, protesta par une lettre insérée dans l'*Opinion nationale*, et émit la doctrine singulière, et tout à fait nouvelle, que l'Araucanie n'a jamais cessé de faire partie intégrante du Chili, et que les tribus qui l'habitent sont soumises à son gouvernement au même titre que les tribus arabes de l'Algérie sont soumises à la domination française.

« M. Rosalès affirmait, en outre, que j'avais ouvert une souscription dans le but de me faciliter les moyens d'envahir de nouveau l'Araucanie, tandis qu'il n'y a pas, dans mon appel au peuple, un seul mot qui puisse justifier cette assertion.

« Un voyage d'environ un mois m'avait empêché de prendre connaissance de cette lettre ; mais, de retour à Paris, je dois une réponse à M. Rosalès.

« M. le ministre du Chili ignore, sans doute, le traité de 1793, intervenu entre les Araucaniens et le Chili, qui reconnaît l'indépendance de l'Araucanie et détermine le fleuve Bio-Bio pour frontières entre les deux États?

« Il ignore également la loi votée, le 20 octobre 1861, par la chambre législative chilienne, sur la demande du gouvernement de voter une somme de 250,000 fr. pour fortifier la frontière d'Araucanie ?

« Voici maintenant des documents officiels à l'appui de ce qui précède :

(Je reproduisais la loi ci-dessus mentionnée p. 4, n° 5. Elle est également publiée dans mon livre précité : *Orllie-Antoine* 1er, p. 108 et suivante. A la suite de cette loi, je terminai ma lettre par les considérations suivantes :)

« Le gouvernement chilien a donc reconnu :

« 1° Qu'il y a des frontières, c'est à dire une ligne de séparation entre le Chili et l'Araucanie;

« 2° Que jamais il n'a pu soumettre les Araucaniens.

« Comme je l'ai déjà dit, si M. le ministre du Chili n'avait pas ignoré ces deux documents authentiques, il n'aurait pas allégué que les tribus araucaniennes sont soumises à son gouvernement au même titre que les tribus arabes de l'Algérie sont soumises à la France.

« Il n'aurait pas dit non plus que l'Araucanie n'a jamais cessé de faire partie intégrante du Chili, puisque son gouvernement reconnaît qu'elle ne lui a jamais appartenu.

« La France n'a jamais eu la vaine prétention d'étendre sa suzeraineté sur les peuples qu'elle n'a pas soumis et qui, par conséquent, ne sont pas sous sa domination.

« La France gouverne et domine les tribus arabes, et le Chili est encore à la porte de l'Araucanie.

« En conséquence, la souscription reste ouverte dans les bureaux de la *Gazette des Étrangers*, 19, rue de Provence, à Paris, et je prie tous les journaux qui s'intéressent aux idées patriotiques de vouloir bien l'annoncer à leurs lecteurs ; ceux de province qui me portent intérêt sont priés d'ouvrir ma souscription et d'envoyer le produit à M. le redacteur en chef de la *Gazette des Etrangers*.

« J'espère, monsieur le rédacteur, que vous voudrez bien publier ma lettre dans l'un des plus prochains numéros de votre estimable journal, et je vous prie d'agréer, avec mes remerciements, mes civilités empressées.

« Prince O.-A. DE TOUNENS. »

En résumé, il résulte des documents de la deuxième catégorie :

1° *Que les Araucaniens et les Patagons m'ont élu pour leur chef avec le titre de roi d'Araucanie et de Patagonie.*

2° *Que le Chili, dans un guet-apens, m'a fait prisonnier en venant me prendre sur un territoire qu'il reconnaît indépendant, et par conséquent en violant le droit des gens.*

3° Que M. Rosalès, *usant envers moi d'un procédé injuste, illégal et odieux, en parfaite conformité d'ailleurs avec la conduite déloyale de son gouvernement à mon égard, me menace de me traiter de pirate si je reviens en Araucanie.*

J'ai eu l'honneur, messieurs les Députés, de m'adresser plusieurs fois à l'administration supérieure de la France, au sujet de la question araucanienne, sans avoir obtenu d'issue définitive. Cependant cette entreprise rentre parfaitement dans les vues de l'Empereur, et, pour l'établir, je n'ai qu'à reproduire un passage du discours de Son Excellence M. Rouher, au sujet des interpellations relatives aux modifications apportées au décret impérial du 14 novembre 1860, prononcé dans la séance du 25 février 1867. M. le ministre d'État s'exprimait ainsi :

« J'ai été l'instrument dévoué de cette réforme économique, et peut-être le moment est-il venu de commettre une indiscrétion (mouvement général d'attention.) Croyez-vous que quand le souverain méditait cette réforme, il fut uniquement occupé de la question des fers, des laines et des cotons?... Non! Il était préoccupé d'une question plus haute. J'ai été son confident. Il disait à son ministre dévoué : « Cette concentration à l'intérieur de toutes les forces vives, de toutes les ardeurs de la nation; ce défaut d'expansion au dehors est la cause principale de nos dissensions, de nos révolutions. » (C'est vrai! très-bien!)

En approuvant d'une manière si chaleureuse les vues émises par le Ministre de l'Empereur, vous avez tout naturellement, messieurs les Députés, fortifié mes patriotiques espérances. Qu'ai-je voulu, en effet? qu'ai-je été chercher en Araucanie si ce n'est le moyen d'ouvrir une nouvelle et lointaine arène à l'activité commerciale, industrielle et agricole de la France, et de fortifier son expansion au dehors dans des conditions exceptionnellement avantageuses ?

L'Araucanie et la Patagonie sont des terres vierges : le sol ne demande qu'à être un peu sollicité pour récompenser avec usure les efforts des colons; il renferme dans ses entrailles des richesses minérales inépuisables qui n'attendent que l'industrie européenne pour s'accumuler sur nos vaisseaux, et ses côtes sont admirablement pourvues de ports excellents où la marine marchande ne manquera pas d'accourir au premier signal.

J'ajouterai, messieurs les Députés, que les Araucaniens, abandonnés jusqu'à présent à eux-mêmes, n'aspirent qu'à entrer dans les voies de la civilisation et à se mettre en rapport avec l'Europe; de sorte qu'il s'agit d'une œuvre doublement avantageuse, doublement grande à accomplir dans ces contrées trop longtemps oubliées.

Faudrait-il donc renoncer, devant le mauvais vouloir du Chili, à la belle entreprise dont je viens de vous indiquer les points capitaux? Faudrait-il, par respect pour des prétentions mal fondées, déserter dans la partie la plus méridionale du Nouveau Monde, la tâche sacrée de la civilisation? Faudrait-il sacrifier nos propres intérêts et ceux de l'Araucanie à l'égoïsme avide et impuissant du Chili?

Vous ne le penserez pas, messieurs : vous comprendrez, aussi bien que moi, que le Chili joue dans cette affaire un rôle qui n'est pas digne d'une nation civilisée, et en deux mots je vous ferai partager mes convictions. Le Chili ne renferme pas plus d'un million et demi d'habitants; or son territoire, longuement développé le long des rivages de l'Océan Pacifique, peut en nourrir facilement 25 millions; qu'a-t-il donc besoin de l'Araucanie et quel argument sérieux aurait-il à invoquer pour faire accepter à l'Europe la prétention qu'il a de retarder la civilisation de l'Araucanie et de la Patagonie jusquà ce qu'il soit en état de l'accomplir par lui-même?

Or, il ne pourrait obtenir ce résultat que dans plusieurs siècles et après avoir exterminé les indigènes qui ne veulent à aucun prix subir son joug et reconnaître sa domination. S'il empiète sur leur territoire, il est obligé de hérisser de fortifications ses nouvelles frontières et d'y entretenir des garnisons puissantes qui lui coûtent beaucoup et ne lui rapportent rien.

Il agit comme le ferait un individu qui, ayant une vaste propriété dont il ne peut faire cultiver qu'une minime portion, tendrait sans cesse à l'agrandir sans avoir aucun moyen de la mettre en rapport et se ruinerait à élever autour de hautes murailles crénelées.

Cette avidité n'est pas intelligente. Si, en effet, le Chili laissait en paix les Araucaniens, s'il respectait les traités conclus avec eux, s'il me laissait procéder à une bonne organisation des indigènes, il n'aurait plus qu'à abandonner les fortifications coûteuses et à s'enrichir paisiblement par le commerce développé d'année en année; car les Araucaniens ne demandent qu'à vivre en bonne harmonie avec leurs voisins.

Quant à la France, elle pourrait, dès la première année de ma rentrée en Araucanie, établir dans ce pays des comptoirs, et trouver ainsi dans le commerce des laines et des minéraux, qui y abondent, une source de richesse et de prospérité nationale.

J'ai donc l'espoir, messieurs les Députés, que vous voudrez bien prendre en sérieuse considération une affaire aussi importante que celle que j'ai l'honneur de vous soumettre.

J'ai adressé une pétition au Sénat français; mais il est à croire qu'elle aura le même sort que mes démarches auprès du Gouvernement.

Permettez-moi donc, Messieurs, d'insister sur ma demande. N'allez point croire, cependant, que je veuille entraîner la France dans une guerre avec les puissances voisines de l'Araucanie et de la Patagonie, ou lui demander une armée expéditionnaire pour revenir sur mon trône. Ce déploiement de force perdrait ma cause; car les Araucaniens repousseraient toute pression extérieure, comme ils ont repoussé, depuis la découverte de l'Amérique jusqu'à ce jour, toutes entreprises qu'on a tentées contre eux. Les États d'Amérique réprouveraient également les moyens violents.

Je ne demande qu'une intervention amicale au Chili et dans la république Argentine, afin d'obtenir de ces pays des traités sérieux qui assurent pour le présent et l'avenir la paix la plus profonde entre les peuples qui m'ont reconnu pour chef et leurs voisins les Chiliens et les Argentins. Ces traités seront la base de la prospérité de ces trois nations. J'introduirai ensuite, en peu de temps, dans mon royaume, tous les éléments de civilisation; de sorte que les Araucaniens et les Patagons se civilisant eux-mêmes, aucune puissance n'aura le droit de s'en plaindre.

Ceci posé : je précise ce que je sollicite du Corps législatif qui représente les intérêts de la nation et qui à coup sûr veut sa prospérité intérieure et extérieure. Je demande qu'il interpelle le Gouvernement français sur le fait de savoir pourquoi il n'a pas voulu s'occuper d'une affaire qui avait pour résultat immédiat de créer largement et fructueusement les intérêts français sur le continent américain, sans dépense pour la France?

Des Français, Messieurs les Députés, sont jaloux de mon entreprise; plusieurs ont manifesté leur mauvais vouloir par des écrits. Ceux-là ne sont pas seulement mes ennemis; mais tous, quels qu'ils soient, ils sont les ennemis des intérêts de la France.

Veuillez agréer, Messieurs les Députés, l'assurance de mon plus profond respect.

Prince O.-A. DE TOUNENS,

Roi d'Araucanie et de Patagonie.

25 — Paris. — Imp. H. CARION, rue Bonaparte, 64.

PARIS. — IMPRIMERIE H. CARION, RUE BONAPARTE, 64.

www.ingramcontent.com/pod-product-compliance
Lightning Source LLC
LaVergne TN
LVHW010315230826
846091LV00009B/3672
9782016190333